행복 레시피

들내 이 향 선

▮ 경남 함안 가야 출생 부산 연산동 거주 ▮ 전. 함안군청 근무
▮ '길' 동인 ▮ '문예시대' 신인상('16봄호) 등단

이 책의 판권은 지은이와 새문화출판사에 있습니다.
양측의 사면 동의 없는 무단 전제 및 복제를 금합니다.

행복 레시피

들내 **이 향 선** 시집

새문화출판사

| 시인의 말 |

당신은 행복하다

 장삼이사(張三李四)라 했던가. 한 사람의 주부로 살아온 사람이 책을 내다니, 참으로 놀랍고 부끄럽고 기쁘고 감사할 일이다.
 주어진 삶에 감사하면서 살아왔다.
 자라면서는 부모님께 순명했고, 공직 생활을 하면서 선거로 어려워진 부모님을 돕고 동생들을 돌보려고 마음을 썼다. 자라서는 역시 선거로 가세가 기운 어려운 집으로 시집을 왔다. 비할 데 없는 효자인 남편의 뜻을 받들어 어렵게 애쓰시는 시부모님을 봉양하고 나이어린 시동생들을 거두려고 마음을 다했다.
 4남매를 두어서 대학을 마치게 하고 성가를 시켰다. 외손이 셋 친손이 넷 일곱 손자 손녀를 두었다. 모시던 시어머님은 83세에 돌아가시고 103세 시아버님을 조석공양하면서 모시고 산다.
 감사할 일이고 찬미드릴 일이다. 은총이다.
 바쁘게 기쁘게 감사하며 살아왔다. 그런데 여자 나이가 예순을 지나게 되니 송구스럽게도 마음 한 자락 밑에서 몰랐던 허무가 조그맣게 곰실거리기 시작했다.
 "여보 당신은 세상에 온 보람이 있겠소."
 "무슨 말이오. 그럼 당신은 보람이 없단 말이오?"
 "당신이야, 대학 강의다 문학박사에 책도 내고 강연도 하고 많은 제자들도 두었으니 세상에 온 보람이 있잖아요."
 "허허, 당신의 삶도 비할 수 없는 귀한 삶이지 않소. 그렇거든 당신도 시인이 되시오. 책 읽는 것을 좋아하니 읽지만 말고 표현을 좀 해보라는 말이오."
 그 말을 좇아서 그이의 시창작(詩創作)법 강의를 두 번이나 들었다. 등단이란 영예도 얻었다. 동인 활동도 하고 문단에 작품들을 싣기도 했다.
 이제 대수롭지 않은 조각들을 모아 한 권의 책으로 엮어본다. 어렵게 쓸 줄을 모른다. 다만 진솔하게 썼다. 감사하며 썼다.
 이 작은 글들로, 이 세상에 딸로 아내로 엄마로 며느리로 할머니로 살아갈 사람, 살아오는 사람들에게 무한한 애정과 사랑과 위로를 보낸다. 자부심을 가지고 용기를 내고 보람을 누려라. 당신과 나는 함께 복된 사람들이니…!
 요즈음 세상은, 엄마가 되기를 아내가 되기를 며느리가 되기를 싫어하는 시대이다. 싫어하는 것을 넘어서 경멸하고 천시하는 시대이다. 과연 그것이 참이고 진실이고 가치로운 일인가를 되짚어본다.
 나는 행복했다. 당신도 지금 행복하다. 행복은 행복을 가진 자 누리는 자의 것이다.
 부족한 글들이 당신에게 위안이 되고, 행복이 되었으면 좋겠다.

2018년 가을
들내 **이 향 선**

차례

시인의 말 ··· 5

1부 봄이 오면

봄이 오면 ··· 13
엄마의 봄 ··· 14
첫 기도 ·· 16
행복 ·· 17
해와 달 ·· 18
반쪽 ·· 19
소망 ·· 20
하느님 어찌 하오리까? ····················· 22
손녀에게 배운다 ······························· 24
4월의 기도 ······································· 26
봄 I ··· 27
산이 좋아 ·· 28
장마 ·· 30
그리움 ··· 31
엄마 냄새 ·· 32
충만함에 감사 ·································· 34
손자와 손녀들 ·································· 36
오월 ·· 37
6월이 오면 ······································ 38
곁에 있어서 ····································· 40

2부 사색思索

- 산에 가면 ……………………………………… 43
- Time Square …………………………………… 44
- 아파트 …………………………………………… 46
- 사색思索 ………………………………………… 48
- 세인트 로렌스 강 ……………………………… 49
- 자갈치의 새벽 ………………………………… 50
- 추어탕 …………………………………………… 51
- 지하철 무료승차 ……………………………… 52
- 두 마음 ………………………………………… 53
- 가을 무도회 …………………………………… 54
- 난蘭 I …………………………………………… 55
- 난蘭 II ………………………………………… 56
- 장손자長孫子가 태어나던 날 ………………… 58
- 35월 60일 ……………………………………… 60
- 동행 ……………………………………………… 62
- 여름 ……………………………………………… 63
- 어미 마음 ……………………………………… 64
- 월계수月桂樹 …………………………………… 66
- 행복 레시피 …………………………………… 68
- 남정강 …………………………………………… 69
- 막내를 장가들이는 날 ………………………… 70

3부 그리워라

목련꽃	75
잘 가시오. 동장군	76
봄Ⅱ	78
마음 속의 신작로 길	79
시월	80
어머니의 겨울나기	81
그리워라	82
지리산	84
그리운 임	85
가을Ⅰ	86
정치의 계절 4월	87
아버지의 기일	88
가을에	89
이사하는 날	90
김장 통痛	92
용뺄 일 있나	94
곡예사의 하루	96
하지 말라고는 말아주오	98
개구리의 행복	99
퀴즈	100
하원이	102

4부 마음 자리

나도 있어서 더 나을 수 있을까? ……………… 107
엄마의 모습 …………………………………… 108
산(生) 사람들을 태운 버스 …………………… 110
설거지 …………………………………………… 112
정민이 태어난 날 ……………………………… 114
바위 ……………………………………………… 115
가을 II …………………………………………… 116
떠나온 고향 …………………………………… 117
휴가 ……………………………………………… 118
골고타의 어머니 ……………………………… 119
산山 ……………………………………………… 120
시월의 마지막 날에 …………………………… 121
전화 ……………………………………………… 122
돼지 수육 ……………………………………… 123
흔들리는 혼魂 ………………………………… 124
설맞이(설대목) ………………………………… 125
채비 ……………………………………………… 126
젊음 레시피 …………………………………… 128
김장 ……………………………………………… 129
동인同人 덕분에 ……………………………… 130
마음 자리 ……………………………………… 131

해설 竹川 하상규 ……………………………… 133

1부

봄이 오면

봄이 오면

봄이 오면
그리운 사람이 더욱 그리워진다.
이 대지에 이 가슴에 봄이
밀물처럼 하얗게 밀려서 오면
그리움도 밀물처럼 그렇게 밀려와선
가슴을 휘감다 거품 되어 사라진다.

봄이 오면 그리운
사람이 더욱 그리워진다.
내 가슴 속 깊숙한 곳
그 어느 깊숙한 곳에 감추어져
나도 잊고 있었던
그 그리움이
따스한 바람이 온몸을 휘감을 제면
깨어나 향불처럼 일렁인다.

봄이 오면 그리운 사람이
더욱 그리워진다.
땅속에서 들썩이는 소리 소리 들리면
나도 몰래
작은 가슴 콩닥거려져서
괜히 얼굴 붉히고
몰래 몰래 가슴 저미며 고개를 흔들곤 한다.

봄이 오면 그리운 사람이
더욱 그리워진다.

엄마의 봄

그 해 그 봄
그 잔인했던 봄

병실 창밖에는
벚꽃이 눈치도 없이
하얀 속살을 드러낸 채 흐드러지게도 피었지요.

진통제 도수를 점차 높혀도
엄마의 진통을
다스리지 못할 즈음

엄마는 그 고통을
내색하지 않으시려고
진한 땀 흘리시며
잇속으로 신음소릴 감추셨지요.

간간이 고통이 멎기라도 하시는지
엄마는 흐릿한 눈 모으시며
물끄러미 창밖을 응시하시곤 하셨지요.

아! 엄마
왜, 그렇게도
창밖의 그 밝게 흔들리는 벚꽃이 죄스러웠던지요!
무르익는 그 봄날이 왜 그렇게도
가슴 아팠던지요!

"엄마 벌써 벚꽃이 많이도 피었제"
밝은 소리로 얼버무리며
하릴없는 이 딸
'아! 우리 엄마
내년에 저 꽃을 다시 볼 수 있을까'고
속으로 속으로 울었습니다.

그 꽃
꽃비로 내리고
붉은 장미가 유달리 붉게 피는 날
엄마는
끝내 병실을 나오시지 못하셨습니다.

엄마! 올해도 또
무심한 저 벚꽃은
흐드러지게도 밝게 피었습니다.

벚꽃이 피고 또 지면
아! 엄마
엄마가 보고 싶습니다.

첫 기도

엄마와 딸아이가 합장하고 앉아서
기도를 한다.

"하느님 아버지 감사합니다.
자비로우신 하느님
우리 하원이가
건강하고 지혜롭게 잘 자라게 해주십시오."
"우리 아버지 어머니가 건강하고 평화롭게 해주시고
저에게도 건강과 평화를 주소서!"

"하원아. 너도 이제 일곱 살이 되었으니
기도드릴 수 있겠니?"

기도를 못하던 하원이

고사리 손을 모으고
예쁜 목소리로
처음으로
기도를 한다.

"하느님 아버지!"
"하느님이 이 지구를 만드셨으니"
"이 지구가 행복하게 살게 해주세요!"

같이 기도하던
제 엄마…
'헐'

행복

행복이란 말들이 그리도 많고
행복을 좇는다는 온 세상 사람들의 말들…

간혹
"넌 참 행복하다"는 말을 이웃 친구들로부터 들어왔어도 나는 행복을 몰랐다. 아니, 나는 그리 행복을 소망하지는 않았다. 구하지도 않았다. 밥깨나 먹는 이가 배부름을 구하지 않는 것처럼

그러나 요즘 나는 가끔씩 행복을 느낀다.
간혹, 멀리서 며늘아기 밝은 목소리가 "어머니 저에요. 조잘조잘" 안부를 물어 올 때면 행복을 느낀다. "엄마! 엄마!" "이젠 똥색깔이 노래지고 고들고들해졌어요!" 하는 친정 온 딸아이의 호들갑에서 행복을 느낀다.

간간이 만나는 손자 손녀들의 힘찬 울음소리와 재롱에서, 가끔씩 점심을 같이 하자는 벗들의 따뜻한 목소리에서, 눈꺼풀이 자꾸만 처지는 나이인데도, 골프연습에 열중인 그이를 놀리면서 행복을 느낀다.

가끔씩 읽는 성경의 말씀들이, 가끔씩 만나는 다정한 지인들이, 가끔씩 대하는 입에 맞는 음식들이, 가끔씩 받아보는 자녀들의 선물이, 가끔씩 바라보는 푸른 하늘이, 누른 들판이, 수줍은 산자락이, 노한 듯한 파도가, 상인들의 흥정 소리가, 핏줄처럼 꼬리를 문 자동차들의 행렬이…

가끔씩 가끔씩 감사하게도
행복을 느끼게 한다.

해와 달

붉은 바다 속에
부글부글
끓고 있다
해가

검은 바다 속에
달이
보글보글
끓고 있다.

날아라 해야, 달아!
그 차갑고 갑갑한 바다 위로
훨훨 훨훨!

붉은 날개자락
휘감으며
수평선
너머
끝닿는 데까지!

날고 싶어라!
갇힌 해와 갇힌 달

반쪽

멀리서 찾아온 총각

젊잖아 보인다고
골격이 분명하고
총명해 보인다고
잠 못 자고 망설이는 나를
배필이라 등 떠밀어 만난 임

연심은 아니어도
깊어지는 정에
이것이 사랑인가

소망

"농부가 나가 씨를 뿌렸더니"

"몇 개는 길에 떨어졌네.
새들이 날아와 쪼아 먹었네.
몇 개는 바위에 떨어졌네.
해가 떠오르자 말라버렸네
몇 개는 가시에 떨어졌네.
씨가 자라자 가시도 자라 눌러버렸네."

"농부가 나가 씨를 뿌렸더니
몇 개는 흙에 떨어졌네.
열매를 맺으니
삼십 배 되고 육십 배 되고 백 배도 되었네."[1]

나도 세상에 나서 은총으로
큰딸 큰아들 작은딸 막내아들 넷을 두었네.

소중한 나의 분신들아! 너희는
길에도 들지 말고
바위에도 들지 말고
가시밭에도 들지 말고
좋은 흙에 떨어져
오십 배 내고
백 배 내어라.

바람아 불지 마라.
구름아 해를 가려다오.
비야 내려다오.

자라나 열매 맺고
좋은 씨앗 되어라.

---
1) 마르코 복음 4장 3절~

하느님 어찌 하오리까?

전화가 왔다.
형제처럼 지내오는 그 자매가
위중하단다. 유방암이란다.

오! 하느님!
가난한 농가에서 나서
학교도 못 다니고 일만하며 자랐습니다.

평생을
남의 집 파출부로 식모로
손 마를 날 없이 살아왔습니다.

칠십 평생
비탈진 곳 그늘진 곳 단칸 달셋방을 전전하다
지금도 햇볕 안 드는 두 칸 전월세집에서
살아가고 있습니다.

철없는 고집불통 남편 만나
하루도 속 편한 날이 없이 살았습니다.

그래도 성당 가까운 곳 찾아 살며
매일 매일 하느님께 감사하며 살아온 줄을
하느님께서 아시잖아요?
그 자매가 암이라니요? 어찌 하오리까?

애야! 내가 안다.

그래서 착한 아들 둘은 주었잖느냐.
어진 며느리 둘은 주었잖느냐.
그 아들들 일터 주고
재주 있는 손자손녀도 주었잖느냐.

천국이 이미 그의 것이라,
고대광실 마련해놓고,
이제 내 곁에서 편히 쉬게 하려는데
그럼 안 되겠느냐?

오! 하느님! 오오! 하느님!

손녀에게 배운다.

손자 손녀에게 배운다는 말
빈말인 줄 알았더니
나 원 참!
예순 중반 할미가 20개월 난 손녀에게
참으로 깜작 깜짝 놀라면서 배운다.

옥상에서 매만지는
몇 거루 채소 화초
손녀 함께 물도 준다.

똑똑한 손녀
옥상 와서 하는 말

"얘들아! 뭐하니?
"얘들아! 나왔어!"
"나하고 놀자."

"꽃들아! 상추야! 고추들아!
"우리 집에는 먹을 것이 많아."
"얘들아 우리 집에 가서 나하고 놀자."
"우리 집에는 먹을 것이 많아."

아이고 이게 시詩로구나!
딴엔 시를 쓴답시고

빈 머리 싸매고
쥐어짜 봐도
괴발개발 지렁이 자국만도 못한데
아이고! 똑똑한 우리 천재 손녀
돈호법, 영탄법, 의인법, 반복법…을
어미 뱃속에서라도 배웠나?

세상에 시 잘 쓴다고
뽐내는 명망가 시인분네들…

20개월 된 우리 손녀 내뱉은 소리가
시가 아니란 사람 있으면, 어디 여기 한번 나와 보소.

4월의 기도

오색 튜울립의 자태를 보며
오! 오! 하고
큰 눈으로 날숨만 내쉬지 말게 하소서
곁에 있는 시샘의 악마가 두렵습니다.

사뿐히 꽃비만 맞으며
송송 속삭이는 4월의 소리
푸른 아픔일랑 가슴에 묻어둔 채
이 초라한 4월의 기도를 들어 주소서

모두의 가슴에
낮은 마음 주신 마음
마음속의 마음을 되찾게 하소서

망망히 바라보는 눈에 어리는
임들이 흘리신 눈물 눈물 방울들
꽃비가 되어 일렁입니다.

임이시여! 얼굴 돌리시지 마옵소서!
이 잘난 이 못난이들을

꽃을 보고는 웃을 수 있게 하시고
한 술 밥으로도 배부름을 누리게 하시고
감사하게 하소서.

이 4월에는…
침묵 속에서

봄 I

촐랑 촐랑
감미로운 미풍에 닻을 달고
은조가비 금조가비 타고
봄의 여신이 쉼 없이
신랑을 맞으러
오고 있다.

풋풋한 싱그러운 향기 품고
긴 긴 여정
신랑을 맞으러
오고 있다.

하얀 드레스 드리우고
봄의 신부
모래 위에
사뿐 사뿐 내려앉는다.

꽁꽁 얼어 있는
나의 온몸을
감미롭게
포근 포근히
휘감는다,

산이 좋아

시험지에서나 외운
인자요산仁者樂山 지자요수知者樂水란 말은
나와는 어울리지 않지만

자주 뒷산에 오른다.
건강에 좋으려니 하고.

찾으니 좋아 산에 오르면
산이 나를 반긴다.

나무가 좋아 산에 가면
나무도 나를 반긴다.

바람이 좋아 산에 앉으면
바람이 또한 나를 감싸 안아준다.

산에 산에 오르면
모두를 잊게 한다.

젊은 시절의 시집살이며
셋방살이로 자식들 기른 일도
내 집 마련해가며 자녀들 성가시킨 일들이며
아직도 내 사랑을 소망하는 아버님 공양도…

산은 나를 평화롭게 하고
나무는 나를 감사하게 하고
바람은 내 마음을 맑게 하고 고요하게 한다.

이런
산을 두고
나무를 두고
바람을 두고
마음을 두고
나는 내일을 또 기약하며
산을 내려온다.

장마

잿빛 하늘
진종일 비가 내린다.
석 달 열흘이라도 채우려나보다.

눈물처럼 하염없이 내린다.
매미의 울음소리도 빗속에 묻혀 버리고
뜨거운 여름도 빗줄기 치마폭에 감춰진 채
가고 있다.

먹구름 사이로 빼꼼
짓눌린 바위 틈새를 빠져나온 듯
햇살이 얼굴 내민다.

서둘러 옥상 빨랫줄에
하얗게 빨래를 넌다.

일상 해온
작은 일들이
새롭다.

그리움

보일 듯 말 듯한 섬 하나
괭이갈매기들의 흩날리는 언어

쉼 없는 파도가
황망한 바다로
밀어내고 있다.

오늘도
하염없이 바라보는
수평선 너머
작은 배
숨 가쁘게
가물거리며 지나간다.

하루가 천년 같은 리듬
붉은 낙조는
그리움을
태우고
사라진다.

엄마 냄새

엄마한테 가고 싶다.
'잘 계실 텐데 뭐…'

남편 수발 자식 수발한답시고
봄에 가지, 가을에는 가봐야지…

엄마가 보고 싶다.

허리 굽고 다리 휜 우리 엄마
설 쉬고는 가 뵈어야지…

말려도 그게 낙樂이라시며
농사일 집안일을 못 놓으시던 우리 엄마
이제는 편히 쉬실까?

계실 때에는 이 핑계 저 핑계로
친정 걸음 막더니만

이제는
엄마 사시던 친정집 가면
엄마 냄새 가득한 안방
엄마 발길로 닳고 닳은 댓돌이며
엄마 손때 묻은 정짓문이 서러워서 서러워서
오! 오!

더는 못 가네!
울음이 북받쳐서 못가네!
엄마 엄마!

'네가 왔나' 하고 장독대에서
불쑥 나올 듯한
우리 엄마!

* 엄마가 계시던 친정집을 찾으면 엄마의 잔영으로 인해 울음이 북받쳐서
  못 간다는 지인의 눈물을 듣고 지어본 시

충만함에 감사

5층 단독주택 옥상
누른 호박 얇게 깎아 말랭이로 널고
물오징어 몇 마리 줄쳐서 매달면
너울너울 춤을 춘다.

도라지, 생강, 아주까리잎사귀
가을 햇살에 채반 위에서
고들고들 말라간다.

둥글 매끈 작은 단지엔 바알간 고추장을
중간 단지엔 노오란 된장 꼭꼭 누르고
배부른 장독에는 붉은 고추 검은 숯 띄워 간장을 담고

고만고만한 작은 항아리엔
멸치젓갈 갈치젓갈 멍게젓갈을

올망 졸망 크고 작은 독들에도
배추김치 물김치 총각김치며
꼬들빼기 김치 갓김치를 오물조물

예쁘고 작은 단지들엔
들깻잎 삭여 젓갈 양념해 두고
가죽자반에 물엿 양념을 잘근잘근 담가두는

아! 이 재미 이 충만함 이 감사를
그 어디에서 얻으리오?

아파트 평수 층수 자랑하며
아이 어린이집 보내고는 연속극 속 주인공 되고
조미료 마트 반찬 식탁에 익숙한 사람아

왜!
네 다 가지고도
삶이 무료하다 공허하다고들 하는가!

손자와 손녀들

오면 좋고
가면 더 좋다더니

안 오면 보고 싶고
오면 반갑고 귀하다.

아이고 요놈들 그만들 뛰어라
울고 싸우고 난장판에
정신이 몽롱하다.
해먹이고 응석 받느라 사지가 늘어진다.

아이고,
애비야 애미야 얘들 데리고 어서 가거라.
요놈들 어서들 가거라.

보내는 차 뒤에서 손흔들며
야, 이놈들아
그래도 자주 오너라!

오월

연초록 바다 물결
민들레 꽃씨 날고
시리도록 아름다워
노래합니다.

싱그러운 산 내음
훅훅 피어오르는
오월이 아름다워
노래합니다.

설레이는 가슴으로
이 활기차고 넉넉한 산야를
훨훨 날고 싶어서
노래합니다.

벅찬 가슴!
슬픔도, 애잔함도, 그리움도
감사하는 마음으로
노래합니다.

6월이 오면

6월이 오면
아! 6월이 오면
우리는 그분들을 생각하는가?

그들이 목숨을 바친 이 땅!

우리는 풍요에 취해
망각하고 환상을 추구한다.

나라를 지키는 일에
그들은
조건도 이론도 없었다.

우리는 지금 무엇을 하고 있는가?
망각을 넘어서
뼈아픈 진실마저도 매도하고 있다.

구천의 혼령들은
통곡하리라.
헛된 죽음이 되지 않기를 기도하리라.

그 6월이 와도
우리는 지금 무엇을 하고 있는가?
원수를 옹호하며 흠모하고 있다.

그들은
말하리!
이 땅이 싫은 자 붉은 좀들은
이 땅에 발붙이지 말고
이 땅을 떠나라고…

곁에 있어서

내 어릴 적

집 안 마당 끝에
우물이 있었다.
고마운 줄 몰랐다.

집 앞에 한 그루
큰 느티나무가 있었다.
새들이 모여 놀고
그 아래 꼬마 친구들과 모여서 놀았다.
고마운 줄 몰랐다.

코골고 말없고
내 생일도 평생 모르는
곁에 있는
그이

그 우물처럼
그 느티나무처럼
덤덤하게 그렇게 산다.

2부

사색思索

산에 가면

나는
산에 가면 한 마리 새가 된다.
노란 저고리 연초록 끝동 치마 입고
파르르 팔팔 날아도 보고
가시덤불 속 쏘다녀도 보고
잔가지 끝에 올라도 본다.

나는 산에 가면 한 마리 새가 된다.
피용 피용 퐁퐁 노래도 한다.

나는 산에 가면
한 마리 새가 된다.
작은 부리로 벌레도 쪼아도 보고
크고 작은 열매도 콕콕 찍어 본다.

높이 올라 싱그러운 내음 하늘도 보고 강도 보고
구수한 연기 나는 옹기종기 마을도 본다.

나는
산에 가면
한 마리의 작은 새가 된다.

Time Square

Manhattan의 중심 뉴욕의 중심에 서다
미국의 중심 세계의 중심에 서다.
마천루 마천루 하늘을 본다.
타임 스퀘어 광장

현란한 광고 압도하는 번쩍임 전광판의 광란
그 속에 서다.
눈이 불타고 가슴이 들끓고
온 몸이 붉게 저민다.

연신 셔터를 누르는
세계에서 모인 젊은이들
탄성을 지른다.
꿈을 가꾼다.

눈이 찢어지고 심장이 터지고 발이 땅에 닫지 않는
타임 스퀘어 광장
핵 중에 핵 노른자위마다
가슴 뭉클한 번쩍임
SAMSUNG. LG. HYUNDAI. KIA

동방의 작은 나라
노란 사람의 긍지와 자부심, 어깨에 힘이 간다.
아! KOREA

뉴욕의 하늘은 뜨겁다.
마천루 맨하탄은 쉼 없이 꿈틀거린다. 요동을 친다.

흑, 백, 황, 회, 인파의 물결 속에 앉아
나도 같이 꿈을 꾸어 본다.
오! 맨하탄 Manhattan 타임 스퀘어 Time Square!

아파트

옹벽틈새 내가 산다.
무심하게 내가 산다.
베를린 장벽 같은 벽과 벽 사이에
끼어서 산다.

오르내리는 사람 스치는 사람
다정한 이웃?

안니엉하세요.?
안냐세요?
작정하고 하는 인사에
소리로 하는 인사
코푼 휴지처럼 날아온다.
아래위로 갈린 금단의 38선
쿵쿵 저벅저벅 ….
그래 이게 사람 사는 소리다. 사람 사는 소리야!? …

드르럭 쿵쾅 쿵쾅 드르럭
아, 이 사람들이 정말
와당탕탕 저벅저벅
아이고! 지금 몇 시고?
새벽 두시반

고독할 틈이 없어 좋다.
삶을 공유하는 동반자가 있어서 좋다.
부동산에서 전화가 왔다
일어~어기나(一億) 올랐다고

그래서
산다.

사색 思索

간간이 찾는
집 인근 조그마한 암자가 있는 오솔길

관세음보살 관세음보살 나무 관세음보살
톡탁 톡탁 똑도르르
도회의 한 자락 적막한 산사
울려오는 염불 소리 …

불자가 아니라도
가슴에 스며들어
번뇌와 고뇌를 잊게 한다.

세상사, 미운 일 분한 일들
감사하며 걸어본다.

편백나무. 상수리나무. 소나무. 떡갈나무, 오리나무.
숲 사이 햇살이 아롱아롱
산소 같은 바람에 부딪친다.
내 머릿속을 파랗게 세척한다.

울퉁 불퉁
꼬불 꼬불
산새가 걸었던 길 억겁의 세월

그 길 위에 내가 걷는다.

발걸음이 가볍다.

세인트 로렌스 강[2]

달 하나,
섬 하나,
집 하나,
그리고 너와 함께,
유토피아는 있다.

달빛 흐르는 창가에 앉아 사랑의 노래 불러 주는
그대에게 붉은 장미꽃을 심으리.

아름다운 로렌스 강
나만의 작은 섬
환상에 젖은 가우디가 설계했을 법한
그림 같은 집.
유토피아는 있다.

대서양으로 흘러가는 강물도
머물고 싶은 낭만의 섬들이
물 위에 떠돈다.

미완성으로 짓다만
볼트[3]의 궁전
슬픈 이야기가 강물에 젖어 있다.

초승달 같은 유람선 위 길손
가슴을 한 조각 한 조각 날려 보낸다.

---

2) 킹스턴에서 브록빌까지 130km 이어지는 세인트 로렌스 강을 따라 1,149개의
  섬이 흩어져 있다.
3) 섬들 위에 세워진 수많은 별장들보다 더 아름다운 별장을 지어 부인에게 선물하려다.
  부인의 사망으로 건축을 중단해버린 슬픈 사연을 남긴 뉴욕의 호텔 부호

자갈치의 새벽

바다에서 갓 잡아 올린 싱싱한 생선들의 행렬

민어 홍어 농어 광어 문어 오징어 고등어 갈치 삼치 꽁치 멸치
조기 아귀 낙지 가자미
서대 대구 새우 우럭 아끼바리 가오리 명태 참돔 도루묵…

털모자 점퍼차림 아저씨들의 괴성과 손짓으로
산더미 같은 생선들은 주인을 찾아간다,

칼바람 부는 비릿한 바닷가
밤을 잊어버린 사람들 분주한 발걸음들…
삶의 애환 묻어있는 뱃고동소리가 뒤섞인 거친 고함소리

얼음을 퍼 담는 사람
고깃 상자를 수레와 차에 싣는 사람
큰 앞치마 두른 아주머니 할머니
얼큰한 국물에 쐬주 한 잔 해장하고

하늘엔 어느덧 새벽이 오고 있다.

허리 휘는 기쁨에
스치는 생각
자식, 대학, 며느리, 사위, 손자, 손녀 …
쪽방에 월셋방에 아파트에 빌딩이여 …

추어탕

코발트색 깊은 하늘
비늘구름 흩어지면
빨간 고추잠자리 윙윙거리고
추어탕 맛이 깊어진다.

처녀 시절 엄마가 끓여주신
추어탕 맛

시집가서 시어머님
끓여주신 추어탕

내 나이들어
내 자식들에게
정성 들여 끓여 먹였던
추어탕 생각들…

고추잠자리 윙윙나는
코발트색 깊은 하늘 아래서
흰머리 듬성듬성한 그이와
마주 앉아

가을을 먹는다.
그 맛들 다 못 따르는
추어탕을 먹는다.

세월을 먹는다.
비늘구름이 흩어진다.

지하철 무료승차

'낯설지 않는 산길을 오르면
풋풋한 산 냄새가 정겨웁다.

태풍이 지나고.
시들어 버린 이파리들은
보이차 향내로 구수하다.

목이 쉬어버린 매미 울음 소리
산바람에 묻혀 버린다.

햇살도
바람도
이제는
가을의 문턱에 서 있네.'

요금을 거절하는 지하철 기다리는
스크린도어에
받아들일 수밖에 없는
가을빛 닮은 여인의 모습이 보인다.

두 마음

비오는 날이면 마른날이 그립고
마른날엔 비오는 날이 그립듯

종일 집에만 머물면
친구도 없으실까 하는 생각 스치고
날 저문 시간 간혹 혼자 저녁상에 앉기라도 하면
늦은 귀가가 염려스럽다.

간혹 함께 나들이라도 하노라면
때론 거추장스럽다는 맘 감출 때도 있지만
시장 본 짐들이 무거울 때이면
나누어 들어줄 그이가 아쉽기도 하다.

외출했다 돌아오면
이제 오냐며 반겨주는 그이 고맙듯
내가 반기면 그이 또한 기뻐하는데…

나는 두 마음
그인 한 마음

가을 무도회

가을 무도회
오색 가지 가지 화려한 옷단장하고
사뿐히 꽃비 흩날리며
모여든다.

사라사태의
지고이네르바이젠
가냘픈 선율에 따라 춤을 춘다.

은행나무 단풍나무 자작나무
상수리나무 떡갈나무 벚꽃나무
개옻나무 들 …
선율에 따라 춤을 춘다.

짧은 가을햇살이 살며시
밝은 조명을 거두어들이면

방황하는 여인의
드레스 자락이 슬퍼 보인다.
나도 그렇다.

난蘭 I

네 무슨 보물이라
창 아래 반그늘에
시원하게 모셔두고

행여나 초라할세라
청자기 흑자기분에
정성껏 모셔두며

기름진 흙 차진 흙 피해
모래며 화산재에
고이도 심어두어

탁한 물 싫어한다며
맑고 찬 물 고이 길러
네 발에 부어주되

자주 주면 썩을세라
더디 주면 마를세라
조상님 위패 모시듯 하고

네보다 더 귀한 손자라도
네 곁에 다가서면
불호령해 쫓아내며

들며나며 너를 보고
글을 읽다가도
너를 보는가?

난蘭 II

내 본디 심산유곡 그늘진 곳 바위틈에
이끼 함께 어울려서 밤이슬에 젖으며
별빛 보고 사는 미물이로되

방안에 갇힌 몸 되어
별도 달도 보지 못하고
벌레 소리도 듣지 못해
갑갑하고 답답하나

미물을 가까이 두셔서
마음 다해 아끼시고 가꾸시어
매만져도 주시고 향기를 맡으시며
찬탄도 해주시니…,

고맙고 감사해서 보은報恩을 한답시고
초라한 잎도 한껏 뻗어도 보고
단조로운 꽃도 한번 피워도 보고
향기도 딴엔 품어도 본다오.

저 산야
보는 이 아끼는 이 없는 곳에서
나고 자라
듯 없이 살다가 말라가기보단

분에 넘치게 사랑받고

아낌까지 받으니

단조로운 나의 모습
희멀겋고 초라한 꽃 모양하며
맹한 나의 향기로나마
보은報恩코자 합니다.

장손자長孫子가 태어나던 날[4]

아기야!
너를 맞으러,
이 강산은
연록색 단장하고
온갖 꽃씨 뿌려
만발하며 마중 나왔네.

아기야!
너를 맞으러,
뭇 새들이 화음에 맞춰
노래하며 마중 나왔네.

아기야!
너를 맞으러,
들녘엔 청보리, 유채꽃이
넘실넘실 춤을 추며
마중 나왔네.

아기야!
너를 맞으러,
이 아름다운 5월이
너를 축복하며
마중 나왔네.

---

4) 갓 태어난 장손자를 보러 가는 열차 안에서 할머니가 2011.5.10

아기야!
너를 맞으러,
천 마디의 뼈를 열고
감동하며 너를 안았네.

아~!
이 세상은
너의 것이다.

사랑하는 내 손자
하 지 민 아!

35월 60일

사남매가 출가하고 빈자리 아침식탁
예순 중반 내외
편하게 차린 식탁에 마주 앉았다.

모처럼 부어드는 반주 한 잔에
핀잔을 한다.
"아침부터 왠 술이시오."
그이가 하는 말
"나도 지금부터 아버님처럼
매끼마다 반주 한 잔하고 백수(白壽)할래요."
웃으며 하는 말
"백수는 좋은데 꼭 술을 해야 하는가요."

"아! 그러고 보니 칠순이 삼 년도 채 안 남지 않았소!
벌써 퇴직을 한 지가 사년 째가 되는구료.
아! 난 참 칠순이란 말은 너무 싫어"

"그러내요. 그럼 내 나이와 바꿉시다.
그럼 칠 년이나 남지 않소."
"칠년이면 대순가 요란했던 이 천년이 어제 아랜데."

눈가풀이 처져 내리고 염색한 머리카락이 듬성듬성한
남편에게 위로하는 말

"그래요 누가 일 년을 열두 달로
한 달을 삼십 일로 정했을까?
지금부터는 한 해를 서른다섯 달로
한 달을 육십 일로 정해버립시다."

"허 그 참 좋소! 달력 넘길 것 있겠군!"

좀 전만 해도
칠순 잔치하는 어른이 상노인으로 보였는데,
우리 남편이 낼 모레, 내가 그 모레이니

피할 수 없는 세월이라면
알차게나 채워야지
'여보오, 함께 채웁시다.'

동행

아무런 말
하지 않아도
같은 생각을 하는
그대!

눈동자만 마주쳐도
살며시
미소 짓는
그대!

고통은 함께해서
반으로 줄여주고
기쁨은 함께하여
두 배로 늘여주는
그대!

두렵지 않네.
멀고도 아득한 길
태산 같은 일도…

그대!
함께
있음에…

여름

짙푸른 녹음
이글거리는 도회
넘실대는 파도

천둥 소나기 태풍
넘치는 정열로
타오르는 …

풋풋하던 첫사랑
농염하게 영글어가고

뜨겁게 달아오른
매미 소리에
찢어지는 나뭇가지 새로

코발트색 하늘이
이글거린다.

하얀 구름이
뭉게 뭉게 구름이 인다.

가슴이
뛴다.

어미 마음

매년 삼월이면
십 수 년 전 서울로 유학 보냈던
아들이 생각난다.

자식도 자라면
어미 무릎을 떠나는 것
당연지사라 들었지만

혼자 객지에 보낸 아들
오매불망 보고 싶어
북쪽 향해 눈물 바람

자식은 슬픈 이별이련가.

올망졸망
그리움 담아 달려간다.

조그마한 방, 부엌
문지방 앞 댓돌 위에
신발 한 켤레 앉아 있다.

집 앞 치킨 집
하아얀 거품이 부서지는 맥주
아들 얼굴 마주보며

그리움을 마신다.

차가운 객지 생활
고달픈 선배들 시집살이
아들의 힘든 대학생활이
배어 나온다.

모과 빛
불빛 아래 내 얼굴엔
이슬이 맺힌다.

월계수 月桂樹

너는
달에 살아서 월계수이냐.
달에서 와서 월계수냐.

찬란하지도 않으면서
초라하지도 안은 자태
상록의 기품이여.

하얗게 부서지는 달빛을 받으며
너의 맑고 도타운 잎들
두 손 마주 들어 하늘 향하여
두고 온 고향의 꿈을 꾸는가.

우아한 청순함이여
그윽한 향기여
너는 정녕
고고함과 격조를 지닌
현숙한 귀부인이어라!

태생의 고귀함이여
삶의 품격이여
너는 꺾여서도
세상을 정화하고 맛을 더하는
승리의 상징!

여름엔 뜰에서 겨울엔 내 곁에서
나와 함께하는 너는
그윽한 향기 머금은
따뜻한 나의 벗이다.
정녕!

행복 레시피

나는야!
밥 때를 기다리는 여자

제철 나물 풍성히 데쳐서
조물조물 무쳐놓고
생선 몇 마리 나란히 줄 세워서 굽고
낙지 데쳐서 초간장 마련하고
마늘 참기름 곁들인 불고기 굽고
상추 풋고추 씻어놓고

미역국 육개장
사골곰국 잉어곰국
황태국 콩나물국 아욱국 조개된장국을
번갈아가며 끓여내면

구수한 밥 냄새에 군침이 돈다.

나는야!
밥 때를 기다리는 여자!

행복을 조리하는 여자.

남정강[5]

질곡桎梏의 역사를 품고
적막 속에
강이 흐른다.

이 강 건너서 시집 온 색시
매운 시집살이에
망부석 되어 바라다본 강

은어 떼 솟구치고
물장구치며 놀던 개구쟁이들의 조잘거림도
멎고

오뉴월이면 아낙네들 모래찜질하던
백사장의 넘실거림도
벌써 옛날…

소름끼치도록 적막이 흐른다.
발 담그고 시리게 가슴 절이던 나그네
다시 찾은 이 강에…

새벽안개 강물 따라 피어오르면
앞산 마루 산허리에 백옥 같은 성체가
떠오른다.

고요한 강물만 흐르고
그리고 흘러 간다.

---
[5] 경남 합천읍을 감싸고 흐르는 낙동강 지류인 황강을 합천 사람들이 부르는 이름.
  필자가 23세에 시집와서 낭군은 직장 따라 타지로 가고 없는 시가에서 고풍에 젖어
  사시는 시부모를 모시고 시집살이 하던 애환을 달래던 강

막내를 장가들이는 날

오늘이면 내 품을
떠나는 아들
막내…

서른 한 살 작은 나이는 아니다.

간혹 출장이라도 가고나면
빈방이
내외만 남은 집을
썰렁하고 적막하게 했는데…

아, 이젠 빈방만 남겠구나!

사남매를 두어서
나름으로 정성을 다했다지만
서툴고 모자라고 넉넉지 못해서
남부럽잖게 키우지는 못했어도
바르게 착하게는 자라주었지.

큰딸은 혼기를 늦추면
큰일이라도 나는 줄 알고
쫓듯이 성가를 시켰고,

셋째인 둘째딸은
오빠와 순서 바꿈으로
급히도 시집을 보내고는

둘째인 장남
늦장가들인지 이제 이 년 남짓.

터울 늦은 막내는
곁에서 오래도록
한 솥 밥을 먹을 줄로만 알았더니
제 짝지 제 구해와
장가를 들겠다니
보낼 수밖에…

남들은 하기 좋은 말로
부모 노릇 다했다고
축하한다고들 하지만,

품속의 어린자식들 눈에 어른거리고
올망졸망 손잡고 나들이 한 일
울고 투정 부리던 코흘리개
과자 들고 웃는 모습
눈앞을 흐리게 한다.

재주도 많았고
꿈도 높았던 막내야!
이렇쿵 저러쿵 하며 슬하에 가두려던
이 부모를 벗어나서
더 넓은 네 세상에서
마음껏 너의 뜻을 펼치려무나.
세상을 안으려무나.

사랑하는 내 아들
막내아들 두찬아!

옛 어른들은 말했다지
"어린 막내 우는 소리에
눈을 감지도 못한다."고 …

늘 어리게만 보였던 너를
이제 덕성스런 며늘아기보아 장가를 들였으니,
다 빈 듯한 이 가슴 다독이며
웃으며
복을 빈다.

잘살아라!
너희 내외 뜻 맞추어
잘살아라!

3부

그리워라

목련꽃

뽀송한 목덜미
쭈욱 내밀고
인고의 세월 견디어낸

너! 목련

따스한 봄의 소리
밀려오는 길목에서
마중하며
망울 터뜨리는 소리
산고의 절규
귀청이 따가웁다.

그래서
더욱
시리도록 아름다운 귀부인

정녕 너는
봄을 맞는 천사
여신이어라!

잘 가시오. 동장군

동장군 잘 가시오.

두터운 외투 깃 올리고
모자 푹 눌러 쓰고
뚜벅 뚜벅 걸어서 잘 가시오.

그대 온다고 어느 시인도
반겨 노래한 이 없었고

그대 왔다고
누구 한 사람 반가워 잔칫상 차리고
춤춘 이 없어도

당신은 당당히
당신 자리를 차지하여
당신 일을 하였고
천하를 호령하였소.
장하오.

이제 그 어둡고 무거웠던 짐
다 내려놓고 위엄 있는 발걸음하고
뚜벅 뚜벅 걸어서
잘 가시오.

그대와의 이별을 아쉬워
손수건 흔드는 이 없어도
당신이 와서 좋았다는
찬양가 한 구절이 없더라도
잘 가시오.
묵묵히 뚜벅뚜벅 걸어서.

언젠가 또 그대가 다시 온다면
누가 나서서 막을 이 있겠소.
그러니 마음 푹 놓고
모자 쿡 눌러 쓰고
뚜벅뚜벅 걸어서
잘 가시오. 동장군!

봄 II

너는
꽃을 몰고 온다.
언어를 끌고 다닌다.

너는
잊혀버린 빛바랜 기억들
아련한 바다 위에
포물선을 그리며 지나간다.

너는
여린 입새의 흔들거림으로
아름다웠던 추억들을
철길 위에 아지랑이처럼
피어오르게 한다.

너는
아름다워서
눈물이 되었고
꽃비가 되었다.

이 푸르른 날들 또한
먼 훗날의
그리움이 되겠지!

어쩜
더욱 절실한
그리움이 되겠지…

마음 속의 신작로 길

포플라 나무 나란히 줄서 있는 신작로 길
털털거리며 지나가는 정시定時 버스는
기름 냄새에 희뿌연 먼지를 일으키며
사라져 가고

갈길 먼 우마차에 몸을 실은 촌로는 졸고
아이들이 그 뒤를 쫓아가면
석양빛 속에 덜컹거리는 달구지 소리만
여운을 남긴다.

뉘엿뉘엿 해 저물어 노을이 지면
서걱거리는 나뭇 잎새 소리 무서워
우마차를 따라갔던 아이들이 돌아온다.

멀리서 엄마의 크고 긴 목소리 들린다.
날 부르는 소리

눈감으면 지금도
그 소리 들린다.

시월

한여름의 잔치는 끝났다.
소슬한 바람 옷깃을 여미며
걸음걸이를 세고 있다.
시월을 먹고 있다.

기다림과 애태움도
기쁨과 환희도
주렁주렁 엮어 창가에 걸고
고운 빛깔 차를 마신다.
시월을 마신다.

문틈 사이로
차갑게 우는 풀벌레의 뾰족한 소리는
떠나가는 시월을 재촉해
전송하고 있다.

어머니의 겨울나기

북쪽 하늘 찬바람 일고
기러기 끼룩끼룩
울며 날 때면

배추 김장 다독다독
한 독 가득 채우고
풋고추 동동 띄워
동치미 한 독 묻어 두고

시래기 대여섯 갓 엮어
뒷단 처마 밑에 걸어 달고

메주 끓여
여나무 덩이
앞 처마 밑에 달아 놓고

고구마 캐서
몇 자루
아이들 방 윗목에
앉혀 놓고는

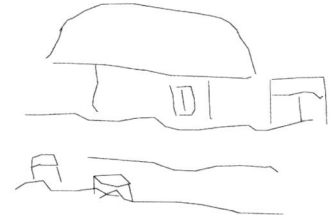

연탄 불러
헛간에
소복이 쌓아 놓으면

문풍지 귀신 소리 내고
칼바람 뼛속까지 파고드는 추위에도
그해 우리 엄마의 겨울은 따뜻했네.

그리워라

양지바른 장독대 옆
석류나무 바알갛게 익어가는
정겨운 나의 집,
밤이면 유성이 흐르는
하이얀 밤하늘
그리워라.

둥근상 머리 맞대며
토닥토닥 오남매
그리워라.

어서 와! 하시며 두 팔 열고
반갑게 맞아주시던
엄마의 환한 미소
그리워라.

꽁꽁 언 손 꼭 쥐시고 아랫목 이불 밑에
녹여주시던 엄마손
그리워라.

포마드 기름 반짝 반짝 바르시고
감청색 양복을 즐겨 입으시던
멋지신 나의 아버지
그리워라.

지금은 볼 수 없는
자상하신 엄마 모습
인자하신 아버지 모습
도론도론 오남매

그 시절
언제나 내 가슴에 남아있네.
아! 아! 그리워라.

지리산

지리산은 나에게 말하네.
엄마의 열두 폭 치맛자락
장엄하게 펼쳐진 산자락
겸허한 마음으로 바라보라고.

지리산은 나에게 말하네.
이기심을 버리고
태초의 모습 그대로를
후손에게 물려주라고.

지리산은 나에게 말하네.
가난하여, 병들어
고통 받는 길손이 오거든
애끓는 마음으로 다 내어 주라고.

지리산은 나에게 말하네.
절규하고 싶은 길손이 오거든
따뜻한 가슴으로 들어 주라고.

지리산은 나에게 말하네.
도심에서 소음과 매연에 지친 길손이 오거든
산소 같은 마음으로 쉬게 하라고.

지리산은 말하네.
나에게 말하네.

그리운 임

오월이면
임들의 미소가 눈앞에 아롱아롱 거립니다.

아!
응석부리며 안기고픈
불러도 메아리 없는
그리운 임이시여!

잡힐 듯한 그 옷자락
손끝에 와 닿을 듯도 같은데
임들의 사랑만이 가슴에
젖습니다.

목놓아 불러봅니다.
아부지! 엄마!

파아란 풀밭에 민들레 꽃씨가
미풍에 밀려 날고 있네요.
그리운 임이시여!

불효 장녀

가을 I

고운 빛깔 아름다운 자태
산허리 휘감고
가을은 간다.

영롱한 물살
은구슬 세어가며
가을은 간다.

아스라이 피어오르는
산 내음 품어내며
가을은 간다.

내 모든 것 다 내어 주고
빈 가슴 안고
가을은 간다.

염색하고 화장을 해도 가려지지 않는
흰 머릿결과 살결
가을은 간다.

아픈 그리움 남기며
깊은 침묵 속으로

아!
가을은 간다.

정치의 계절 4월

바람이 분다.
멀리서 낯선 이방인들이 온다.
모두가 내가 제일이라는
이리떼들의 질주
목이 터져라 외치는 속없는 소리들
골목 골목 메아리친다.

바람이 분다.
잔인한 4월이 가면
희망과 절망이 피고 지고…
다시 공허한 도시는
거짓 진실을 덮어쓰고
고요해진다.
망각을 한다.

바람이 분다.
너와 나
찌든 도시, 이 터전은
둥둥 떠서 어디 어디로
흘러가고 있는가?

바람이 분다.
이 푸른 대지에
황톳빛 흙먼지가 인다.
아! 굵은 비가 반드시
오기는 하겠지…

아버지의 기일

정월 스무엿샛날
오늘은
진종일 눈물같은 비가 내린다.

꽃망울 진 홍매화가
눈물에 젖는다.

그날의 일몰은
유난히도 붉게 타고 있었다.
그리고…, 아버지의 태양은 또 다시
뜨지 않았다.

하늘과 땅, 해와 달, 산이며 들판이며, 바다와 강 …
아름다운 세상을 남겨둔 채
그리움 한 아름 안으시고 먼 길 서둘러 떠나셨다.

퇴색되어가는 시간들 속에서…
인자하셨던 모습 자상하신 미소가
뇌리에 맴돌다 사라진다.

남은 자의 슬픔이다.

가을에

지금
창밖에는
가을이 타고 있다.

나는
갈색 차 향기와 함께
후우 후우 가을을 보내고 있다.

쌉쓰레한 차향을 씹으며
흘러가는 순간들을
허우적 허우적 잡아도 본다.
그냥 보내기엔 아쉬워
애잔한 가슴을 다독여도 본다.

하늘이여!
낙엽이여!
미이라가 되기 전에
옷깃을 여미고 창밖으로 가
흐느적 흐느적 가을을 보내고 와야겠다.
지는 낙엽과 어울려 날갯짓이라도 해야겠다.
발레리노 발레리나가 아니라도

노랑 빨강 갈색 잎새…
이런 저런 이야기들을 하고 있다.
미이라가 되기 전에…

함께 있는 임도
그리운 계절이여
가을이여!

이사하는 날

마음 두고 살던, 평생 살 집을 두고
고운 사연 따라 이사를 한다. 새집으로

전쟁터에 나가는 장수의 출사표처럼
'이사할 때 과감하게 버려야지'
비장한 각오를 되뇌면서
장롱 속 묻혀 있던 옷가지들을 정리한다.
보물처럼 간직해온 버리지 못한 옷가지들을 …

그래 이건 버려야지!
용단을 내려
항우가 우미인의 목을 치듯 내던져본다.
버리려는 옷 무더기 위로…

오! 그랬다간 또 슬그머니
되 집어 와선
노오랗게 빛바랜 세월을 맡아본다.
만져도 보고 품어도 보면서
시간여행에 잠겨본다.

다시 잡은 옷가지마다 이야기가 묻혀 있다.
훌쩍 흘러버린 세월에
묻어버린 추억들이 주렁주렁 엮여져 있다.

생사 길을 넘나들며 얻은
마흔한 살 된 큰 딸아이의 배냇저고리

내년에 입혀야지, 동생나면 입혀야지 하면서
고이접어 간직해온 손수 지은 셔츠며 바지들

명품은 못되어도 가름 옷이라고
다음에 입어야지
차마 버리지 못한
젊은 시절의 멋진 옷들

행여 없어지기라도 할세라
고이고이 간직해온
시집온 첫날 입은 붉은 치마 파란 저고리

알뜰한 서방님 성품에 맞춰 사느라.
유행 따라 세월 지나 밀려난 옷가지들마다 …

아름답고 고운 사연
힘겨웠고 보람찼던 이야기들이 …

일손을 멈추게 하고
나를 나를…
회상에 잠기게 한다.
눈을 감고
감사의 속눈물을 흘리게 한다.

김장 통痛

몇 해 전에 소금 받아 간수 빼놓고
여름 맞으며 쪽 좋은 마늘 서너 접
가을 들면 빛 좋은 고추 사두었다.

내년에는 김장 조금만 해야지
열두 번도 더 거짓 다짐하고선

딸네도 줘야지 아들네도 줘야지
어른 모시면 밑반찬이 많이 들지…
큰놈으로 서른 포기를 절였다.

해마다 그이 도움 받으며
내손으로 다해왔는데
올해는 그이, 내 몸살 걱정하며 만류해도 못들은 체
딸도 부르고 며느리도 부르고 도움이도 구했다.

며칠 전에 마늘도 까서 갈고 고추도 빻고
멸치젓갈 세우젓갈 청각이며 대파에 갖은 양념으로
돼지수육 삶고 고구마 삶아 먹으며
호호 히히 둘러서서 김치를 담갔다.

"저희들이 할께요. 어머닌 좀 쉬세요." 소리 수 없이 들었어도
허리가 휜다.

삼대독자 며늘아기가 손자를 순산한 듯
애먹이던 막내아들 대학 합격했다는 소식을 들은 듯
알던 이를 뽑은 듯
아이고! 해냈구나!

아 이 얼 나간 사람아!
좋아하지만 마라!
걸로 또 한 해가 저무는데…

용뺄 일 있나

"지 자식 지 키우게 하지, 늙으막에 고생을 왜 사서 하노?"
"무슨 영화를 볼꺼라고"
"인생이 뭐 천년 만년이가"

남의 일이라, 하기 쉬운 말로
친손외손 봐준다고 허리 굽고 기가 빠져
초췌한 노인네들 보고
비아냥대는 말 쉽게도 내뱉으며
'나는 절대로 절대로…' 하고 다짐도 해왔건만…

그 말 지키느라
귀여웠던 첫손자 큰 딸애 아들 딸은 지 키워라 맡겨두고
귀한 장손도
큰 아들 내외 사업 바빠, 어린이집에 보낸 데도
아픈 속마음을 '그래 그래'하고 달래고
막내아들 예쁜 손자는 다행히
살림만 사는 제 엄마 품에서 곱게도 자라는데,

세월 따라
'어쩔 수 없다'는 말이 내게 맞아 떨어졌네.
둘째딸 일 나가야 하고, 그 손녀 어린이집에 적응 못하니
외손녀 돌보는 일이 영락없이 내차지라.

내 자식도 넷이나 키웠건만
손녀 하나 돌보는 일이 이리도 힘들 줄이야
허리가 휘고 살이 빠지고 눈에 띄게 늙어간다.

집안일도 다 못하고, 세상일도 더 못하고
손에 잡히지가 않는구나! 해야만 하는 하고픈 일도…
하릴없는 할망구의 신세로다. 한숨이 절로 난다.

"할머니 놀이터가요. 하늘 높이 그네 밀어 주세요"
"할머니 맛있어요. 고마워요. 노래 불러 드릴께요. 랄랄라 랄랄라…"
"안 먹어 안 먹어! 사탕 사줘! 아이스크림 사줘!"
"이빨 썩는다. 야 요것아"

그래 그래… 네 재롱에 내가 산다.
세상 뭐 용뺄 일 있나.

곡예사의 하루

고층빌딩 생명줄 하나
온몸을 맡긴 채 유리를 닦는다.

가물가물 보이는
다람쥐인 듯
새처럼 날래다.

지나가는 손길마다
유리벽은 어느덧
태양을 수 없이
만들어내고 있다.

눈이 시도록 아름다운
무지개 색깔이 된다.

뜨거운 유리벽 사이로
출렁이는 생명줄 하나
새처럼 가랑잎처럼 나르기도 하고
발레리노처럼 춤을 춘다.

가느다란 생명줄 하나에
인생을 매달고
부모님을 매달고
사랑하는 아내를

공부 잘하는 아들을
과자 사들고 집에 올 아빠를 기다리는
딸을 매달고…

곡예사는 오늘도
빌딩에 매달려
허공을 날며
춤을 춘다.
고달픈 기쁨하고
발레리노처럼…

하지 말라고는 말아주오

하지 말라고는 하지 말아주오.

전화도 하지 말고
문자도 보내지 말고
메일도 보내지 말고
편지도 하지 말라고는
하지 말아주오.

제발 하지 말라고는 말아주오.

날 생각도 하지 말라고
날 마음에 두기라도 하지 말라고는
나 있는 쪽을 바라보기조차도 하지 말라는 말만은
차마 하지를 말아주오.

이미 내 마음은
나를 떠나버렸고
숨을 쉬는 이유가 되어버린 것을…

기울고 낮고 짧은 줄을 알기에
더욱 타서 녹아 흐르는 이 쇳물의 아픔을
당신도 아시는 줄을 알기에
싹틔우지 못하고 안으로만 곪아가는
아! 이 초라한 바람에게

하지 말라고 만은
제발 하지 말아주오.

개구리의 행복

몇 가지 반찬 만들어
식탁 위에 차려내면 따뜻한 밥상
마주하시며 흐뭇해하시는
아버님 얼굴
행복하다.

마침표 없는 집안일
햇빛에 눈부신 하얀 빨래
행복하다.

정돈된 장롱 열어보면
행복하다.

객지에 있는 아이들 안부 전화
고사리 같은 손자손녀 목소리 함박웃음
행복하다.

꼭 무슨
나라를 구해야 행복이냐?
지구를 구해야 행복이랴?

나는야! 개구리 개구리
행복밖에 모르는
개구리 개구리…

퀴즈

손들어 봐요.
사랑이 뭔지 아는 사람
남편을 위한 사랑이
뭔지를 아는 사람?

밥맛없다는 그일 생각해
찹쌀 한 줌 찾아 섞어 밥 짓는 마음

"당신 멋져요."
외출하는 그이
옷매부새 살피며 등 뒤에서

무료해 신문 읽는 그이 앞에
나직한 목소리로 "여보!" 하며
차 한 잔 내와 마주 앉는 일

현관문 들어서는 그이
일어서서 얼굴 대하며
잔잔한 미소로 "어서 오세요."

보다 참으로 어려운 일은
할 말 조금 참고 침묵으로 잠시
기다려주는 것
화난 그이 앞에

아무리 차가운 가슴일지라도
어리석은 게 남자 아닌가!
온기로 전해지리니…

사람아!
남편이 무정해서 못살겠다는 사람아!
조그만 마음 조금만 쓰면 …
조금만 쓰면 작은 마음을 …

하원이[6]

그네 타기를 좋아하는
세 돌도 안 된 손녀

"할머니!
하늘이 바다 같네!
회색 구름이 배 모양이네!"

초롱 눈망울 빤짝이며
신기한 듯 하늘을 응시한다.

"할머니!
우리 숨바꼭질 할까?
나는 술래
할머니 빨리 숨어!"

"꼭꼭 숨어라!
머리카락 보인다.
하나, 둘, 셋. 넷
찾으러 간다 ~~"

미끄럼틀 사이를 지나서
벽타기, 정글 앞을 지나
빨간 동백꽃을 바라보고는 "너 참 예쁘다!"
중얼 중얼…

두리번 두리번

분홍색 발레 스커트를 입고선
살금 살금

할머니를 찾아내고는
까르르 까르르

"개골 개골 개구리 노래를 한다.
아들 손자 며느리 다모여서…"
목청컷 노래도 하고,
달리기 시합도 하고
"내가 일등이야!"

솔솔 불어 주는 봄바람 친구도 신이 나는지
아기 천사의 노래장단에 맞춰
함께 춤을 춘다.

---

6) 둘째딸의 딸(외손녀)

4부

마음 자리

나도 있어서 더 나을 수 있을까?

맨 된장을 끓이는 것보다
멸치 몇 마리 넣으면 훨씬 낫듯

양념장에 참기름 한 방울
떨어트리는 것이 훨씬 낫듯

푸성귀만 있는 밥상에
비린 갈치 한 토막이 있으면 훨씬 낫듯

여기에 나 있어서
없는 것보다 나을까?

엄마의 모습

내린 전철 다른 칸 안에
한복 곱게 입으신
엄마의 모습이 보였다.

하마터면 엄마~하고
큰 소리로 부를 뻔했다.
엄마 하고 달려가고 싶었다.

순간 스치는 생각
'엄마가 오실 리가 없지
돌아가신 엄마가'

'아니야! 엄마가 맞아
인도환생이라도 하셨나?'

순간 전철은 움직이며 멀어져가고
밀려오는 후회
'얼른 타서 만나보고 다음 역에라도 내릴 걸'
'아니야! 엄마일 리가 없지'

열차 지나간 곳을 바라보며
쉬 발걸음을 옮기지 못한다.

집으로 오는 발걸음이 무겁다.
'에이 바보! 엄마가 아님 어때'
'타서 미친 척, 불러도 보고 만져도 볼 걸…'

어디서 어디로 가시는 분이었을까?
언제 어느 시, 그 역에 가면, 그분을 만날 수도 있을까?
아니 엄마를…

산(生) 사람들을 태운 버스

이른 새벽 소슬한 바람이
옷깃을 여미게 하는 가을
삶 속으로 달리는 1004번 버스가 하루를 연다.

맨 먼저
손자 과자 값이라도 만들 요량인지
텃밭 푸성귀 몇 움큼씩 보자기에 싼
허리 굽은 할머니가 타고

어느 공사판 일터로나 가려는지
어제 든 약주가 들깬 듯 검붉은 얼굴 작업복차림
건장한 장년들 몇이 타고

바삐 서둔 듯
머리카락이며 옷매무새가 어수선한
손가락 머리손질이 바쁜
아주머니가 타고

잠시 뒤
무거운 가방에 교복이 날렵한 여고생,
바지를 졸여 허벅지가 터질 듯이
멋을 낸 남고생들이 타고

하얀 셔츠에 멋부린 바바리코트 차림 샐러리맨의
상큼한 스킨 냄새 젊음의 열정이 있어 싫지 않다.

어느 듯 왁자지껄
차안은 손님으로 가득 차고
버스가 무거워 방귀를 뀌어대면
앉은 사람 선 사람, 침묵 속에
스마트폰으로 분주하게 하루를 만드는 이들…

몇 개의 터널을 지나자
차창 밖 가로수에 매달린 가을은 노랗게 익어 가고

1004번 버스는
여기는 대박동, 여기는 사랑동, 여기는 행복동이라 외치는
안내방송에 맞춰 가다 서기를 반복하며
희망을 싣고, 고달픔을 싣고, 애환을 싣고, 사랑을 싣고
도심을 향해 삶의 현장을 향해 힘겹게 달린다.

나도 달린다.

설거지

양념 묻은 접시하며
밥풀 묻은 밥그릇 국그릇에다
식탁 위에 널브러진 수저들을
개수통에 담근다.

아침에도 씻었고
점심에도 씻었으며
수십 년을 씻어온 그 그릇들을
이 저녁에도 또 개숫물 철철 흘리면서 씻는다.

젊어서는 며느리로
장년에는 어머니로
지금은 두 시어머니 되었건만

오늘도 행주치마하고
수새 쥐고 그릇을 씻는다.

때론 못 마시는 소주일망정
남정네 흉내 내면서
얼굴 찡그리며 하는 푸념

'그릇 설거지하러 세상에 났나!'
코웃음도 쳐보지만…

아, 어제 눈을 감고 세상을 하직한 이는…
단 한 번만이라도 더
이 설거지를
더 해보고 싶었을 것이리라.

정민이[7] 태어난 날 - 할머니가

성모님의 고뇌처럼
침묵으로 소중히 지켜온 십 삭의 세월

긴 시간들 지나
2012년 12월 20일 오후8시 48분
"축하합니다. 순산입니다. 아들입니다."
아기의 울음!
'해냈구나! 살았구나!
고통과 두려움이 환희를 맞았구나…!'

너의 세상이란다.
아기의 세상이 마련되어 있단다.

엄마 아빠와 이 할미의 축복과 기도 속에
씩씩하고 늠름하게 자라거라!
그리고 세상을 품어라!

은빛 금빛으로 휘감긴 가로수며
찬란한 거리가
아기의 탄생을 환호하고 있구나!
산들도 얼싸안고 두둥실 춤을 추고
하늘도 깊 푸르게 넘실대는구나!
길가는 모든 이가 웃음으로 축복하는구나!

고맙다. 사랑한다.
소중한 내 손자야!

---
7) 둘째 아들의 아들(손자)

바위

우직하고 못난 너
겉과 속이 똑 같아
변함없어 네가 좋다.

봄의 여신이 알몸으로
애무하며 유혹을 해도
흔들림 없는 네가 좋다.

적막한 밤 푸른 초승달이
살며시 쉬어 가는 반석
속마음을 내어주고 싶은
네가 좋다.

경계의 시선도
무장해제 된 채
움켜진 정의도
꽃잎처럼 흩어
진다.

수많은 언어들이 꽃비가 되어
내린다.
우직한 너에게…

가을 II

맑은 햇살이
푸르던 잎들에 스며들어
빨간 노랑 예쁜 색시로 나서
머언 산등성이로부터 내려와
사뿐히 거닐면…

메밀 잠자리 작은 왕자들
윙윙 분주히 날고

노오란 콩 터는 소리
톡톡

힘주어 나는 제비
먼 길 갈 채비나 하는 듯
날고

들판이 온통
이름 모를 서양화가가 그린
그 들판 풍경을 연출하고 나면…

나도
해마다
어쩔 수 없이
깊은 생각에 감겨 젖으며
너를 맞아
점차 가을이 된다.

떠나온 고향

퇴색되어 가는 그리움의 자락들이
블랙홀 속으로
매몰 되어 버린 채
그 흔적들을 더듬거린다.

멀리 각더미산이 바라보이고
조금 가까이 검암산, 조남산이…
도란도란 앉아 있는 그 곳

남쪽에서 북쪽으로 강물이
선녀 날개처럼 휘돌아 흐르는 그 곳
옛사람 되어
물과 같이 흘러가버린 자리에서
옛 그림자를 찾는다.

아스라이 피어오르는 언어들과
함성, 기쁨, 흰희와
푸른 하늘과 그리고 푸른 들녘…

풀꽃처럼 피었다가 사라져 버린 채
그 흔적들을 더듬거린다.

휴가

일 년을 살 것처럼
챙기고 또 챙기고
룰루 랄라 룰루 랄라

환상의 나래 속에 불꽃을 피우며
오색찬란한 불꽃을 따라
빠져 든다.

멋지고 더 멋진 곳을 찾아
헤매고 허우적거려
더 짜릿한 맛을 찾아 간다.

매미 울음소리 승용차 엔진소리
뒤범벅이 되어 아스팔트길은 녹아내린다.

풍요로움의 전성시대
기죽일 수 없지
고향 노부모는 콩밭을 맬지언정
포메라니안은 호텔에 맡긴 채

외제차 큰 차에
짧은 바지 선글라스에 허리 가꾸는 상전
아비에게 반말하는 촐랑이들 뫼시고

산으로 바다로 세상 밖으로 그리고 블랙홀 속으로
빠져들고 있다
애절하게 울고 있는 저 매미처럼…

골고타의 어머니

도살장에 끌려가는 어린양처럼
대들지 않고

채찍질 하는 이에게 대들지 않고
술 짜는 사람처럼 온몸이 붉게
물드신…

좌도의 조롱마저
받으신 분.

당신은
찢어지는 가슴으로
십자가에 못 박히신
이 아들을
바라보기만 하신
통고의 어머니!

아! 아!
내 구원을 위한 것이었습니다.

흘리신 핏방울 마다 그 핏방울 마다
지금도
골고타 언덕 위에는 붉은 꽃이
만발하였습니다.

산山

첩첩 산속 칠흑 같은 까만 산
숨 쉬는 소리 들린다.

아련히 들려오는 개울 물소리
풍경처럼 정적을 깨운다.

겹겹 첩첩 산봉우리들
멀고도 가까운 산
날개짓하며 훨훨 내게로 날아온다.

접었다 펼쳐지는 새벽 안개는
골짜기를 거닐고

이름 없는 나뭇 잎새
소슬한 바람결에 빨갛게 춤을 춘다.

시월의 마지막 날에

제야除夜보단 그 무게는 덜해도
어느 대중가요 덕분인지
그달의 마지막 날이 대접받는 날이 있다.
괜히

차 한 잔이 생각나고
지난날들이 필름처럼 잔잔히 흐르기도 하고
그이 몰래 가슴이 뛰기도 하고
얼굴이 제 혼자 사알짝 달아오르기도
하고

누렇고 바알간 색깔에
가슴이 텅 비기도
하고…

그래 어쩌란 말고
남들 다가는 단풍놀이도
갔다 왔고

감도 땄고 밤도 땄고
무 배추도 심어놨쟎나?

그래
밥그릇도 잘 비우고

숨도 잘 쉬쟎나?

그래 뭐 어떻다는 말이고
말이?

전화

시집간 딸아이의 전화가
뜨음해 간다.
이제 그 집의 며느리가 되어 가나 보다.

시집온 큰아기의 밝은 목소리의 전화가
뜸해간다.
이제 며느리가 되어 가나 보다.

돼지 수육

파랗게 데친 냉이
참기름에 깨소금 뿌려 무쳐놓고

달래 넣은 된장국에
봄내음 가득 담고

기름기 쪼오옥 뺀 수육 삶아
상추에 받쳐서
아버님 드실 밥상에 올려놓으니

저녁진지 들고 가는 발걸음이
이리도 가볍구나!

흔들리는 혼魂

잿빛하늘 드리운 타는 구름
퇴색되어 가는 혼魂들

푸른 바다, 이 강, 이 들녘
파란 하늘과 땅, 아름다운 강산
블랙홀 속으로 빠져들고 있는가!

제비뽑기로 흥정하며
혼을 팔고 있다.

가늠할 수 없는 길을 헤매는 길에
어디선가 들려오는 가슴 저미는
저 피끓는 음률 … !
지키고 쌓아올린 선열들의 혼이었다.

아!
우리는 암울한 길을 가는 것일까?
그렇게도 가슴 터지게 지켜왔던
이 푸른 강토를 버릴 것인가?

길 없는 길을
가고 있는 것일까?

크고도 큰 혼魂아 ! 혼魂아 !!!.

설맞이 (설대목)

날세운 칼바람에 마음까지 시리다
발걸음은 바쁜데 준비한 것은 없어
동동거린다.

갈비찜, 알싸한 부추전, 오징어, 새우튀김,
잡채, 떡국, 식혜하며 …
머리에서 동동거린다.

창밖에는 쉴 틈 없이 찬바람
짧은 햇살이 베란다 모퉁이에 앉아 있다.

먼 길 마다않고 달려오는 손자손녀들
웃는 얼굴 그리며
마음이 동동거린다.

채비

소문난 단풍 고을을 향해
들뜬 마음 종종걸음 지인들과 길을 나섰다.

봄 가을 두 철마다 만나는 분들인데도
올 가을엔 유난히도
누구도 면하지 못하고
세월의 흔적들을 무겁도록 안고들 오셨다.

차창 밖으로 스치는 멀고 가까운 단풍들의 치장에도
입에 넣는 사탕 맛이 밍밍하다 말고 쓰기만 하다.

들판에는 노오란 벼가 곳곳이 베어지면서
곳간에 간직될 채비를 하고 있었다.

간간이 보이는 허수아비
아랫도리를 벗고 윗도리도 헤어져선
제 소임을 다한 양
편히 누울 채비를 하고 있었다.

파랗던 잎들도
노래지다 빨갛다가 이제는 짙은 갈색을 입고
곧 썩어질 채비들을 하고

지천으로 늘린 사과나무들도

홍옥빛 보석들만 매달고
조용히 쉴 채비를 하고 있었다.

계곡의 물들도
얼어붙는 겨울이 오기 전에
넓은 곳, 편안히 쉴 수 있는 곳을 향해
서둘러 서둘러 흐르고들 있었다.

나도 이젠 옷장을 조금씩 비워야겠다며
멋지게 입었던 그날들을 곱씹으면서
낡은 옷, 유행지난 옷, 나이에 맞지 않은 옷들을
수북이 내어놓았다가는
그 옷들, 다시 옷장에 되걸어두고 왔는데…

움켜쥔 내 모습이
퇴색되어가는 산야에
오버랩 되면서 눈에 겹친다.

천년을 천년을 살 것처럼 …

젊음 레시피

어느 날 기분 따라
립스틱 색깔 조금 진하면
딸아이 하는 말
"엄마 오늘 젊어졌네."

어쩌다 머리 손질 조금하고 나서면
이웃 친구가 하는 말
"아이구! 언니 오늘 젊어졌네."

모처럼 밝은 색 가벼운 옷에
색다른 스카프라도 하나 두르면
모임 나온 친구들, 성당 나온 교우들
이구동성
"오늘 형님 젊어졌어, 젊어졌어!"

허! 사람들 눈이란 것이… 걸세…
내가 언제
늙기라도 했나?

좋은 건가??
젊은 것이

김장

매년 안 담는다 안 담는다 하면서
올해도 서른 포기나 담갔다.

허리가 뽀사진다.

맛이 어떻는기요?

맛있네! 당신 손맛이 어데가요!

이 소리 한 마디에 마
매년 이 일 못 면하는 기라 마!

동인同人 덕분에

우리,
무슨 인연으로
머리카락 윤기 적은 나이에 서로가 서로를 만나

달이 차면
기다려지고
그 날이 다가오면, 한 수 한 수하며
가슴 답답해하는가?

때문이라 말하지 말고
덕분이라고 감사하자.

우리,
시 때문에 힘들다고 말하지 말고
시 덕분에 귀한 분들 만난다고 말하자.

만남 덕분에
한 수의 시를 얻고 낳고

만남 덕분에
오늘 하루는 힘찬 발걸음을 내딛는다고

만남 덕분에
맛난 음식 즐긴다고 노래하자.

귀한 인연 덕분에
행복하다고
말하자.

마음 자리

아들 며느리 문안 전화
아쉬워 하지 말라.
내가 한번 꼭 누르면 손자들 재롱소리 들리는 것을

자녀들 자주 찾아주기를
서운해 하지 말라.
소리 없이 잘살아 주는 것이 고마운 것을…

아직도 주어진 짐 무겁다고
불평을 말라.
그 짐 더 지고 싶어도 질 힘이 없는 이도 많으니

쉬운 소리로, 살기가 힘들다고
말하지 말라.
어제 세상을 떠난 이가
그리도 그리던 내일이니라.

부처님도 예수님도 해결 못한 일
네 힘으로 고쳐보려고
힘쓰지 말라.

매사
마음 자리가
천당이고 지옥인 것을 …

해설

  들내 이향선 시인은 성실하게 모범적으로 가정을 지켜온 주부 시인이다. 그러나 행여 주부 시인이라고 해서 시인의 시가 개성에서나 철학이나 문학적 격조라는 면에서 평범할 것이라는 선입견을 갖는 것은 옳지 않다. 들내 시인은 활동이며 업적이며 지위 등 이력면에서나 하다못해 재물이라는 면에서는 그 어느 하나를 내세울 팻말을 쳐들고 있지는 않은 시인이다. 오히려 평범한 주부라는 것을 자처하는 사람이다. 그러나 그의 시에는 들내 시인만이 가지는 향기가 있다.
  "시는 그 사람이다"라고 했다. 들내 시인의 시를 보면 들내 시인이 보인다. 그의 시에는 잔재주를 부리지는 않았지만 이 시인만이 가지는 삶과 정신과 가치가 있다. 그래서 '평범 속에서의 비범'이라고 한다면, 들내 시인의 시를 말하는 적절한 표현이 아닐까 한다.
  들내 시인의 시는 읽혀지는 시(읽히는 시)이다. 요즈음 신춘문예 응모작들은 시인 자신도 자신의 글이 무슨 말을 하고 있는지도 모를 듯한 시들이 많다. 들내 시인의 시는, 이런 시들처럼 작위적인 시가 아니다. 자신을 가리거나 드러내거나 내세우거나 뽐내려거나 척하려 시가 아니다. 깊은 산골에서 샘솟는 샘물처럼 맑고 깨끗한 시이다. 시인의 가슴에서 샘솟는 샘물 곧 정서를 깨끗한 그릇에 길어 담은 영혼이 맑은 시이다. 쉬운 시이다. 거리감을 갖게 하지 아니하는 시들이다.
  이런 의미에서 본다면 그의 시는 자신의 삶을 노래했다. 들내 시인은 이색적인 소재나 특이한 경험이나 주제나 철학을 담거나, 이미지화 한다는 구실로 뛰어난 수사나 기교를 특출하게 구사한 시인은 아니다. 시인은 자신의 생활과 삶에서 소재를 찾고 주제를 찾고 의미를 찾아서 노래했다. 사소한 일상에 의미를 부여하고 기뻐하고 감사하고 행복해 한다. 소박하고 담백한 노랫말로 조용하게 노래했다. 잔잔한 파도이지만 조용히 밀려 와 가슴에 작은 일렁임을 주는 시들을 선사하고 있다. 읽는 이로 하여금 소시민으로서의 삶을 살아가는 자신의 삶에 위안을 얻게 하고, 감사하게 하고, 행복의 눈을 갖게 하여, 삶을 긍정하게 하고 누리게 한다.

한 마디로 들내 시인의 시는 강한 긍정의 시이다. 행복을 주는 시이다. 세상을 밝게 보는 눈을 주는 시이다. 친근한 시이다. 사랑의 시이다. 포근한 시이다.

아들 며느리 문안 전화
아쉬워 하지 말라.
내가 한번 꾹 누르면 손자들 재롱소리 들리는 것을

자녀들 자주 찾아주기를
서운해 하지 말라.
소리 없이 잘살아 주는 것이 고마운 것을…

아직도 주어진 짐 무겁다고
불평을 말라.
그 짐 더 지고 싶어도 질 힘이 없는 이도 많으니

쉬운 소리로, 살기가 힘들다고
말하지 말라.
어제 세상을 떠난 이가

그리도 그리던 내일이니라.

부처님도 예수님도 해결 못한 일
네 힘으로 고쳐보려고
힘쓰지 말라.

매사
마음 자리가
천당이고 지옥인 것을 …

〈마음 자리〉 전문

 시를 늦게 쓴 시인이다. 일 갑자의 세월을 살아오는 동안에 축적된 삶을 밖으로 차분히 분출시킨 것이 그의 시이다. 어쩌면 노년(일생의 삶)이 그에게 시를 쓰게 했다고도 볼 수 있다. 긍정의 시인인 시인도 삶 그 자체가 의미이고 가치였지만, 그 위에 또 다른 의미 곧 보람을 갖고 싶었다. 그래서 시를 썼고 그래서 삶을 그렸다.

나는야!
밥 때를 기다리는 여자

제철 나물 풍성히 데쳐서
조물조물 무쳐놓고
생선 몇 마리 나란히 줄 세워서 굽고
낙지 데쳐서 초간장 마련하고
마늘 참기름 곁들인 불고기 굽고
상추 풋고추 씻어놓고

미역국 육개장
사골곰국 잉어곰국
황태국 콩나물국 아욱국 조개된장국을
번갈아가며 끓여내면

구수한 밥 냄새에 군침이 돈다.
나는야!
밥 때를 기다리는 여자!

행복을 조리하는 여자.

〈행복 레시피 전문〉

    시인은 행복하다. 행복을 누리며 살아가고 있다. 사람들은 대부분 행복의 파랑새를 좇고 있다. 남의 삶은 행복해 보이고 자신은 늘 불행 속에 있다고 여기며 살아가고 있다. 만족을 모르고 늘 미흡하다. 그러나 시인은 자신이 살아가는 지금의 삶이 가치롭고 행복하다고 노래하고 있다. 행복은 별도로 시공간을 가지고 있거나 무슨 큰일을 성취했을 때에만 주어지는 것이 아니라, 그 어떤 삶에서라도 행복을 누리는 자만이 누릴 수 있는 것이라고 시인은 노래하고 있다.

파랗게 데친 냉이
참기름에 깨소금 뿌려 무쳐놓고

달래 넣은 된장국에
봄내음 가득 담고

기름기 쪼오옥 뺀 수육 삶아
상추에 받쳐서
아버님 드실 밥상에 올려놓으니

저녁진지 들고 가는 발걸음이
이리도 가볍구나!

〈돼지 수육〉 전문

시인에게 있어서는 행복은 일상의 삶이다. '69세인 시인이 103세이신 시아버님을 집에서 모시는 며느리의 행복한 삶이다.' 보통 사람들이 누리기 어려운 행복이다. 시인은 이렇게 삶을 긍정하고 애정을 가진다. 그래서 행복하다. 시인은 시를 읽는 이에게 무의미하다고 여겨온 일상의 삶 '나의 삶'을 위로한다. 행복을 준다.

시인의 시에는 그리움이 있다. 이별의 정조는 별로 없고 그리움의 정조가 강하다. 그리움의 정조는 회고의 정서이나, 그의 그리움은 센치한 감상적(感傷的)인 건강하지 못한 그리움이 아니라 건강한 그리움, 행복한 그리움이 있다.

보일 듯 말 듯한 섬 하나
괭이갈매기들의 흩날리는 언어

쉼 없는 파도가
황망한 바다로
밀어내고 있다.

오늘도
하염없이 바라보는
수평선 너머
작은 배
숨 가쁘게
가물거리며 지나간다.

하루가 천년 같은 리듬
붉은 낙조는
그리움을
태우고
사라진다.

〈그리움 전문〉

   그리움은 인류보편의 정서라 할 것이다. 특히 그리움은 여성들의 정서이다. 시인도 무엔지 독자에게 그리움의 정조를 불러일으키고 있다.
   시인은 여러 시들에서 아버지를 어머니를 그리워도 하고 고향을 그리워도 하였고 어렸던 시절들을 그리워도 한다. 읽는 이를 고향으로 안내하고 행복했던 어렸던 시절로 안내하기도 한다.

   시를 절절하고 처연하고 아름답게 쓰기란 쉽지 않다. 이 시인의 시에는 참으로 절절하면서도 처연하고 그래서 아름다운 시들이 있다.

그 해 그 봄

그 잔인했던 봄

병실 창밖에는
벚꽃이 눈치도 없이
하얀 속살을 드러낸 채 흐드러지게도 피었지요.

진통제 도수를 점차 높혀도
엄마의 진통을
다스리지 못할 즈음

엄마는 그 고통을
내색하지 않으시려고
진한 땀 흘리시며
잇속으로 신음소릴 감추셨지요.

간간이 고통이 멎기라도 하시는지
엄마는 흐릿한 눈 모으시며
물끄러미 창밖을 응시하시곤 하셨지요.

아! 엄마
왜, 그렇게도
창밖의 그 밝게 흔들리는 벚꽃이 죄스러웠던지요!
무르익는 그 봄날이 왜 그렇게도
가슴 아팠던지요!

"엄마 벌써 벚꽃이 많이도 피었제"
밝은 소리로 얼버무리며
하릴없는 이 딸
'아! 우리 엄마
내년에 저 꽃을 다시 볼 수 있을까'고
속으로 속으로 울었습니다.

그 꽃
꽃비로 내리고
붉은 장미가 유달리 붉게 피는 날
엄마는
끝내 병실을 나오시지 못하셨습니다.

엄마! 올해도 또
무심한 저 벚꽃은
흐드러지게도 밝게 피었습니다.

벚꽃이 피고 또 지면
아! 엄마
엄마가 보고 싶습니다.

〈엄마의 봄 전문〉

　회복될 수 없는 중병을 앓고 계시는 어머니 그 어머니 앞에 펼쳐진 세상의 아름다움이 죄스럽다. 어머니는 사경을 헤매며 병마와 싸우고 계신데, 병실 밖의 세상은 눈치도 없이 너무나도 밝고 아름답기만 하다. 병실에서 툴툴 털고 나가서서 저 아름다운 봄을 다시는 누리시지 못하실 엄마가 안쓰럽고 서럽다.
　얼마나 절절한 슬픔인가. 벚꽃이 피는 계절이 다시 올 때마다 끝내 병고를 이기지 못하시고 세상을 떠나신 어머니가 그립다. 어머니의 고통 앞에 흐드러지게 핀 벚꽃을 상관시켜 어머니에 대한 한없는 사랑을 곡진하게 표현한 시인의 필력이 놀랍다. 사연이 절절하고 처연해서 아름답다. 시인의 시에는 이런 시들이 많다.
　시인은 독실한 가톨릭 신앙인이다. 그러나 직접적으로 냄새를 내면서 신앙적 사랑을 노래한 시는 두어 수에 불과하다. 아마 시인이 의도한 바라 할 것이다. 신앙은 말로 하는 것이 아니라 삶으로 실행하는 것임을 어쩌면 작은 것에 감사하고 일상의 삶을 행복해하는 삶 그자체가 가톨릭 신앙에서 우러나온 삶이 아닐까.

평범한 시상을 詩化해서 성공할 수 있는 방법은 두 가지이다. 시각(視覺)곧 시상(詩想)의 새로움이나 수사(修辭)의 뛰어남 이 두 가지 능력으로 읽을 만한 작품을 만들 수밖에 없다. 들내 시인은 둘 중 일상의 삶을 강하게 긍정하는 시각의 새로움이 그의 시를 읽을 만한 작품이 되게 하고 있다. 이 강한 긍정은 시인이 일생동안 살아온 가톨릭 신앙 곧 감사에서 출발한 것이리라.

시인의 시는 유려하고 고운 리듬감이 강한 시이다.

아기야!
너를 맞으러,
뭇 새들이 화음에 맞춰
노래하며 마중 나왔네.

아기야!
너를 맞으러,
들녘엔 청보리, 유채꽃이
넘실넘실 춤을 추며
마중 나왔네.

아기야!
너를 맞으러,
이 아름다운 5월이

너를 축복하며
마중 나왔네.

〈장손자가 태어나던 날〉일부

  예를 들 것도 없이 시인의 시는 전통성이 강한 율감 리듬감이 강한 시이다. 여느 시인들처럼, 요즈음 실험적인 글로 읽기조차 힘든 비문(非文)에 가까운 산문적 문장을 나열하는 경우가 많은 유행을 좇지 않고, 어느 시나 간에 고운 리듬에 고운 정서를 담고 있어서 정겹고 친근하다. 그래서 잘 읽혀진다.

  과거 회상의 시이다.
  긍정의 시인도 장년을 넘어 나이가 들어가는 삶에 대한 허무를 피할 수는 없었다. 과거를 되돌아보는 과거 회상의 시가 적지 않다. 그러나 역시 그런 시들도 애상(哀傷)에만 젖지 않고 건강하다.

파랗던 잎들도
노래지다 빨갛다가 이제는 짙은 갈색을 입고
곧 썩어질 채비들을 하고

지천으로 늘린 사과나무들도
홍옥빛 보석들만 매달고
조용히 쉴 채비를 하고 있었다.

계곡의 물들도
얼어붙는 겨울이 오기 전에
넓은 곳, 편안히 쉴 수 있는 곳을 향해

서둘러 서둘러 흐르고들 있었다.

나도 이젠 옷장을 조금씩 비워야겠다며
멋지게 입었던 그날들을 곱씹으면서
낡은 옷, 유행지난 옷, 나이에 맞지 않은 옷들을
수북이 내어놓았다가는
그 옷들, 다시 옷장에 되걸어두고 왔는데…

움켜쥔 내 모습이
퇴색되어가는 산야에
오버랩 되면서 눈에 겹친다.
천년을 천년을 살 것처럼 …

〈채비〉 일부

  긍정의 시인도 청장년이 아니라 노년임을 부인할 수는 없었다. 가을을 보고 인생의 가을을 노래하고 있다.

가을 무도회
오색 가지 가지 화려한 옷단장하고
사뿐히 꽃비 흩날리며
모여든다.

사라사태의
지고이네르바이젠
가냘픈 선율에 따라 춤을 춘다.

은행나무 단풍나무 자작나무
상수리나무 떡갈나무 벚꽃나무

개옻나무 들 …
선율에 따라 춤을 춘다.

짧은 가을햇살이 살며시
밝은 조명을 거두어들이면

방황하는 여인의
드레스 자락이 슬퍼 보인다.
나도 그렇다.

〈가을 무도회〉 전문

여기서 나는 방황하는 슬픈 여인이다. 이처럼 여러 시에서도 세월의 무상과 빠름을 안타까워하고 있다.

시인의 시들은 순수한 서정시를 지향해서 현실에 대한 직접적인 발언을 하는 현실 참여적인 시는 몇 수에 지나지 않는다. 그러나 몇 몇 수에서는 시인의 나라 사랑과 우국심을 감추지 않고 드러내는, 시국을 개탄하는 시들도 있다.

오늘날은 어머니가 되기를 싫어하는 시대이다. 이 시대인들에게 깨우침을 주기라도 하려는지 가족에 대한 사랑이 곡진하다. 다른 시인들에게서는 보기 드물게 남편에 대한 사랑을 노래하기도 하고, 자녀사랑 손자손녀에 대한 사랑을 노래하고 있다. 아울러 아버지 어머니를 그리워하며 부모님슬하에서 사랑받으며 자랐던 어린 시절을 그리워하고 있다. 드러내서 말하지는 않아도 가족에 대한 사랑이 곧 삶이고 행복임을 조용히 전하고 있다. 행복의 레시피이다.

가끔 어떤 시들에서는 시인이 욕심을 줄여서 과감하게 버리는 절제미를 살렸으면 하는 생각이 들기도 한다. 물론, 이것도 시인의 다정다감함과 자상함의 소산(?)이라 시인의 특징이자 개성이라고도 하겠지만, 한편으론 시인은 끊임없이 증진을 도모하는 사람이라는 것을 생각해본다.

　들내 이향선 시인의 시들이 가진 개성이라면 첫째가 긍정의 시라는 것이다. 삶 자체를 감사하고 누구에게나 있을 수 있는 힘듦과 시련과 고통도 (가톨릭 신앙에서는 개개인에게 주어지는 크고 작은 십자가라고 한다.) 긍정적으로 받아들여서 이를 소화 재생함으로써 행복으로 승화하는 행복의 화신이라면 과찬일까? 두 번째가 순수한 서정시이다. 읽는 이로 하여금 편안함을 얻게 하고 마음에 조용한 위로를 얻게 한다. 세 번째로는 유려한 리듬이 있는 시이다. 시어들이며 시행은 물론 연의 구별이 유려하여 읽어내려 감에 거칠지 않고 호흡이 자연스럽다. 의미와 리듬이 아우러져 시가 운문이며 노래임을 자상히 보여주는 데에 성공하고 있다.
　한마디로 이향선 시인의 시는 평범하고 적절한 시어들로 매사를 긍정의 눈으로 바라본 순수한 서정을 유려한 리듬으로 표현하여 행복이라는 여운을 주는 시이다.
　마치 겨울 철에 친구들과 기대서면 따스함과 친근감과 위안이 있는 둥글둥글한 큰 돌들로 쌓은 양지바른 돌담장 같은 시들이다. 누구나 쫓아가 기대서고 싶은 양지바른 키 높이의 돌담장, 어깨 부비며 서로 기대서고 싶은 돌담장 같은 시⋯.
쉽고 아름답고 순수하며 긍정하는 따뜻한 시이다.

　이 모든 시들은 들내 이향선 시인이 전하고 싶은 인생에 대한 그의 시적 해석이다. 삶을 생각하게 한다. 작고 그러나 깊은 여운이 있다.

독자들의 일독을 권한다.
귀한 시집을 내신 '들내 이향선' 시인의 문운을 기원한다.

竹川 **하상규** 사족을 달다
(문학박사. 전 동아대학교 외래교수, 현 부산가톨릭대학교평생교육원 강의)

행복 레시피

들내 이 향 선 시집

2018년 10월 19일 인쇄
2018년 10월 26일 발행

발행인 : 이향선
펴낸이 : 하상규
펴낸곳 : 새문화출판사
등 록 : 2009년 12월 3일 제2009-000008호
주 소 : 부산광역시 동래구 안락1동 522-6
전 화 : 051) 522-1607   팩 스 : 051) 522-1607
인 쇄 : 한글그라픽스 TEL. 051) 632-7842

ISBN 979-11-85344-37-9
값 11,000 원

※ 잘못된 책은 바꾸어 드립니다.